AF243434

# L'ILE DE SAINT-DOMINGUE

## AU XVIIIᵉ SIÈCLE.

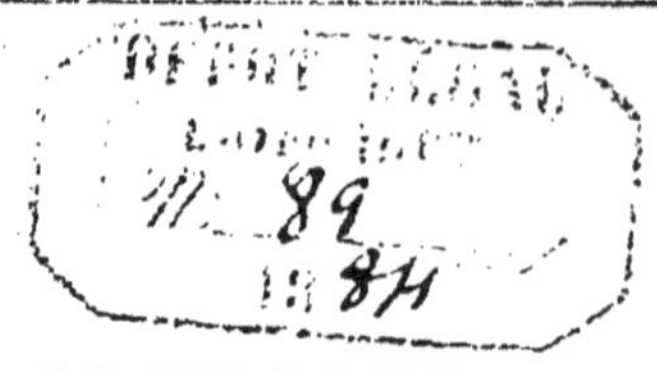


## CONFÉRENCE FAITE LE 28 JANVIER 1884

PAR

## M. H. CASTONNET DES FOSSES

Avocat à la Cour d'appel de Paris,
Membre de la Société de Géographie de Paris, Membre correspondant
de la Société de Géographie commerciale de Nantes.

NANTES,

Mᵐᵉ Vᵛᵉ CAMILLE MELLINET, IMPRIMEUR,

Place du Pilori, 5.

L. MELLINET ET Cᵢᵉ, succʳˢ.

1884

# L'ILE DE SAINT-DOMINGUE

## AU XVIII<sup>e</sup> SIÈCLE.

---

## CONFÉRENCE FAITE LE 28 JANVIER 1884

PAR

## M. H. CASTONNET DES FOSSES

Avocat à la Cour d'appel de Paris,
Membre de la Société de Géographie de Paris, Membre correspondant
de la Société de Géographie commerciale de Nantes.

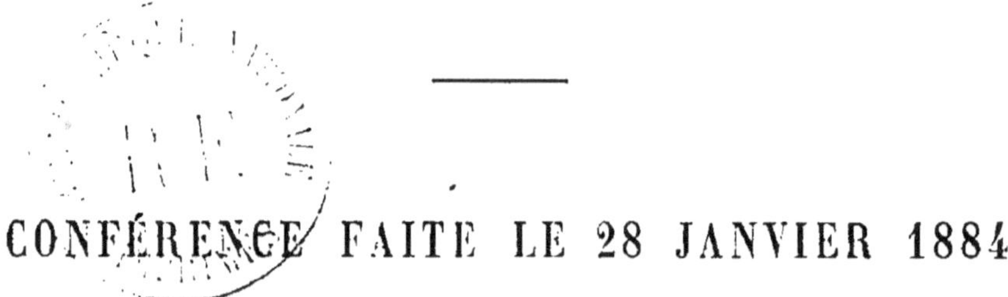

NANTES,

M<sup>me</sup> V<sup>ve</sup> CAMILLE MELLINET, IMPRIMEUR,

Place du Pilori, 5.

L. MELLINET ET C<sup>ie</sup>, succrs.

---

1884

Extrait du Bulletin de la Société de Géographie commerciale de Nantes.

# L'ILE DE SAINT-DOMINGUE

## AU XVIII<sup>e</sup> SIÈCLE

CONFÉRENCE FAITE PAR M. H. CASTONNET DES FOSSES

LE 28 JANVIER 1884.

———

Il y a un dicton que l'on répète lorsqu'on veut faire allusion à une espérance chimérique ou se bercer d'un espoir plus ou moins trompeur. L'on dit que l'on attend un oncle d'Amérique, et inutile d'ajouter que cet oncle est nanti d'une belle fortune qui doit nous rendre tant soit peu millionnaire. Ce dicton date du XVIII<sup>e</sup> siècle, et à cette époque il n'était pas, comme il l'est de nos jours, relégué dans le domaine de l'utopie. Il y avait alors des oncles d'Amérique en petit nombre, toutefois, mais cependant il était permis d'en rencontrer quelques-uns, rencontre agréable à laquelle aujourd'hui nous sommes obligés de renoncer.

Au siècle dernier, notre pays était alors une grande puissance coloniale et le Nouveau-Monde s'ouvrait à notre activité. Nous avions une possession importante dans la colonie de Saint-Domingue, alors des plus prospères et des plus florissantes. C'était une petite France. Partout l'on vantait le luxe et l'élégance de ses habitants qui avaient su réunir les charmes de la vie créole à l'urbanité de la vieille Europe.

Aussi le nom de Saint-Domingue était-il devenu synonyme de splendeur et de richesse. A la veille de la Révolution l'on parlait avec admiration de cette île appelée à juste titre la *reine des Antilles.* Les puissances maritimes ne pouvaient s'empêcher de la contempler avec jalousie et se montraient envieuses de son développement qui avait été des plus rapides.

Les origines de Saint-Domingue furent des plus modestes et au milieu du XVIIe siècle il eût été difficile de prévoir ses destinées glorieuses. Des aventuriers connus sous le nom de boucaniers et de flibustiers et dont l'histoire constitue un véritable roman s'étaient emparés en 1630 de l'île de la Tortue, située sur la côte Nord-Ouest de Saint-Domingue et qui était occupée par quelques soldats espagnols. De là, ils avaient fondé sur la grande terre des établissements qui n'avaient pas tardé à prendre de l'importance. En 1664, la France les avait pris sous sa protection, la colonie était fondée.

En 1697, à la paix de Ryswick, l'Espagne reconnut le fait accompli et nous céda la partie occidentale de Saint-Domingue.

L'île fut, par conséquent, divisée en deux parties, la partie française et la partie espagnole. La partie française ne comprenait que le tiers de l'île, sa superficie était de 27,000 kilomètres carrés, à peu près celle de la Belgique, mais elle était de beaucoup la plus riche et la plus florissante, tandis que la partie espagnole n'avait qu'une population assez faible et un territoire mal cultivé. La partie française offrait, au contraire, le spectacle d'une prospérité incroyable. Des gouverneurs intelligents tels que le marquis de Gallifet, Auger, le comte de Choiseul, le chevalier de Blénac, le marquis de Larnage, Champmeslin, imprimèrent une habile direction au mouvement colonial. Chaque année des Français venaient s'établir dans l'île, y créaient des plantations, y faisaient souche et fondaient des familles. La colonisation marchait à pas de géant. Partout le désert reculait et les savanes se transformaient en champs cultivés. Les Français qui s'étaient fixés à Saint-Domingue avaient non seulement créé une colonie qui fournissait à la métropole les produits des tropiques que lui refusait son sol, mais ils avaient constitué encore une société coloniale que l'on citait partout pour son opulence et ses agréments. C'était en quelque sorte un rameau de la société française qui s'était détaché du tronc principal et était venu s'implanter dans une île d'Amérique où il s'était modifié sous l'influence des habitudes et du climat. Aujourd'hui encore nos villes maritimes de l'Ouest, Nantes, Bordeaux, La Rochelle, Nantes surtout, se rappellent le temps où Saint-Domingue nous appartenait et le souvenir de cette époque qui, pour ces villes, a été des plus brillants, a été religieusement conservé.

L'organisation de la colonie est bien faite pour attirer l'attention et pourrait donner lieu à une étude des plus intéressantes, aussi nous pensons devoir en dire quelques mots. Le gouvernement était confié au gouverneur général et à l'intendant. Tous deux étaient nommés par le roi sur la proposition du ministre de la marine. Le gouverneur général était toujours un militaire. Il avait le commandement des troupes, des milices et de l'escadre. Il présidait le conseil supérieur, promulguait les lois, nommait à la plupart des emplois, accordait aux colons des concessions de terre et, par des ordonnances, prenait les mesures que nécessitait l'administration. En un mot, il était le représentant du roi. c'est-à-dire de l'Etat, et l'intendant n'était que son subordonné.

L'intendant était toujours un fonctionnaire de l'ordre civil. Il veillait à la perception des impôts, ordonnait les dépenses et avait dans sa dépendance tous les comptables. C'est lui qui réglait les marchés que l'on passait lorsqu'il s'agissait d'entreprises de travaux publics et veillait à leur exécution.

La colonie était divisée en trois parties ou provinces : la partie du Nord, la partie de l'Ouest et la partie du Sud. Les trois capitales étaient le Cap-Français, le Port-au-Prince et

les Cayes. Chaque province était administrée par un lieute-
nant-général et divisée en paroisses. Un certain nombre de
provinces formaient un quartier et à la tête de chaque quartier
il y avait un officier qui avait le titre de commandant. La
paroisse était la principale division de la colonie. L'on en
comptait 52 : 21 dans le Nord (1), 17 dans l'Ouest (2) et 14
dans le Sud (3). Une paroisse avait en moyenne 8 ou 10
lieues de long sur 6 ou 7 de large, et l'on y distinguait
la plaine et les mornes. La plaine était de beaucoup la mieux
cultivée et plus habitée, tandis que les mornes qui formaient
la région montagneuse étaient en grande partie désertes et
couvertes de forêts. Chaque paroisse se subdivisait en cantons
dont le nombre variait suivant son étendue et sa population.
La population était loin d'être également répartie entre les
différentes paroisses. Quelques-unes n'avaient que 4 ou
5,000 habitants, tandis que d'autres en comptaient jusqu'à
25,000.

La paroisse était en même temps la division religieuse. Les
capucins et les dominicains composaient en grande partie le
clergé, cependant l'on trouvait quelques carmes dans la province du Sud. Dans chaque paroisse, outre l'église paroissiale,
il y avait plusieurs chapelles disséminées dans les différents

(1) Partie du Nord : Fort-Dauphin, Ouanaminthe, Vallière, le Terrier-
Rouge, le Trou, Limonade, Sainte-Rose, Saint-Louis-du-Marin, le
Dondon, Marmelade, La Petite-Anse, le Cap-Français, la Plaine du Nord,
l'Acul, le Limbé, Plaisance, Port-Margot, le Borgne, le Gros-Morne,
Saint-Louis-du-Nord, Port-de-Paix.

(2) Partie de l'Ouest : Jean Rabel, le môle Saint-Nicolas, Bombardo-
polis, Port-à-Piment, les Gonaïves, la Petite-Rivière, les Verrettes,
Saint-Marc, Mirebalais, l'Arcobaye, la Croix aux Bouquets, Port-au-Prince,
Leogane, Grand-Goave, les Cayes de Jacmel, Jacmel, Bainet.

(3) Partie du Sud : Petit-Goave, le Fond des Nègres, l'Anse à Veau,
Petit-Trou, l'Acquin, Saint-Louis, Cavaillon, les Cayes, Torbec, Port-
Salut, les Coteaux, le Cap Tiburon, le Cap Dalmarie, Jérémie.

cantons et à certaines époques l'on devait y célébrer la messe. La colonie ne possédait pas d'évêché ; les capucins et les dominicains avaient des préfets apostoliques qui résidaient au Cap-Français et à Port-au-Prince.

La justice était rendue en appel par deux conseils supérieurs qui siégeaient au Cap-Français et à Port-au-Prince. Dix tribunaux désignés sous le nom de sénéchaussées jugeaient en première instance et étaient distribués entre les villes ayant quelque importance. La procédure ne laissait pas d'être fort coûteuse et l'on évaluait qu'elle absorbait annuellement près de dix millions. Du reste, les colons de Saint-Domingue avaient la réputation d'être processifs, et il était à la mode d'être en litige et d'avoir recours aux *hommes de loi*. Cela posait ou tout au moins donnait une réputation d'intelligence et d'activité.

Les forces militaires de Saint-Domingue n'étaient pas nombreuses. Elles ne dépassaient pas cinq mille hommes ; elles comprenaient deux régiments d'infanterie européenne (1) affectés exclusivement au service de la colonie et portant les noms de régiments du Cap et de Port-au-Prince et un corps d'artillerie coloniale.

En outre, des détachements étaient fournis par des régiments de France et souvent dans ces troupes envoyées d'Europe se trouvaient des compagnies suisses. Les garnisons étaient fort agréables, mais dispendieuses et les officiers s'y endettaient la plupart du temps. La police était faite par la maréchaussée dont le service était le même que celui de la gendarmerie. Du reste, la sécurité était grande dans toute la colonie, l'on pouvait y voyager sans crainte. Les seules causes de trouble ou de désordre étaient les bandes de nègres marrons qui vivaient dans les bois et venaient piller les plantations. La maréchaussée était à peu près exclusivement

_____

(1) Chacun de ces deux régiments avait un effectif de 1,500 hommes ; l'artillerie coloniale comprenait 400 canonniers.

occupée à leur donner la chasse. En dehors des troupes réglées, il y avait les milices qui étaient formées par les habitants libres quelle que fût leur couleur. Les villes n'étaient pas fortifiées ou tout au moins ne possédaient pas d'ouvrages sérieux. L'on avait bien construit des forts au Cap-Français, à Fort-Dauphin, au môle Saint-Nicolas, à Port-au-Prince, mais aucune de ces places n'aurait pu soutenir un siège.

L'impôt était fixé par le gouverneur assisté des notables. L'on distinguait à Saint-Domingue trois impôts principaux : la capitation sur les nègres, la taxe sur les loyers des maisons situées dans les villes et les droits d'octroi et d'exportation ; ajoutons-y la ferme de la boucherie, celle des bacs et le produit de la poste aux lettres, et nous aurons le total des recettes de la colonie qui s'élevaient à quinze millions de livres, tandis que les dépenses n'atteignaient que le chiffre de treize millions. Il y avait un excédent de deux millions, et aujourd'hui nous serions fort heureux si nous pouvions en dire autant de notre budget qui accuse chaque année un déficit de plus en plus alarmant.

Grâce aux ressources que lui donnait l'excédent des recettes, le gouvernement colonial pouvait entreprendre de nombreux travaux d'utilité et d'embellissement. La voirie ne laissait rien à désirer et les différents points de la colonie étaient reliés entre eux par de belles routes plantées d'orangers, de citronniers et de palmiers. Des ponts en maçonnerie avaient été construits sur les rivières. Des digues protégeaient les campagnes contre les inondations et des écluses facilitaient les irrigations. Des diligences ou des messageries à cheval assuraient aux villes les moyens de communiquer facilement entre elles. Dans la plupart des paroisses, il y avait un bureau de poste et le départ du courrier pour l'Europe avait lieu deux fois la semaine. En un mot, rien ne manquait à notre colonie. Son organisation était complète et pouvait faire envie aux provinces de la mère-patrie.

Au point de vue de la fertilité et des productions, la vieille France pouvait se montrer jalouse de la nouvelle. La nature avait richement doté notre colonie. Aux Antilles, la végétation est luxuriante et la flore en est réputée pour être l'une des plus belles que l'on connaisse. Le bananier, le chou palmiste, le caroubier, l'oranger, le citronnier, le figuier, la mangue, la goyave et l'ananas y donnent des fruits exquis qui s'ajoutent à ceux de l'Europe. Dans les bois, les nombreuses familles de lianes forment des dômes de fleurs et des galeries de verdure. L'on y trouve la vanille à l'état sauvage. Les Européens y ont transporté la canne à sucre, le caféier, le cacaoyer, l'indigotier et le cotonnier. Aussi, à Saint-Domingue, partout la vue se portait sur de belles plantations qui respiraient la richesse et la prospérité. Le sol se prêtait merveilleusement à la culture : il est arrosé par un grand nombre de cours d'eau dont le principal est l'Artibonite qui a 90 lieues de parcours. Les rivières ne sont pas navigables à cause des rapides et des cascades que l'on y rencontre, mais l'on s'en servait avec intelligence pour pratiquer des irrigations et remédier aux inconvénients de la trop grande sécheresse. Nous leur avions donné les noms les plus poétiques, tels que la rivière des Orangers, celle des Bananiers, la rivière des Roches, la rivière des Pleurs. Il en était de même des montagnes qui, par leurs désignations, indiquaient le pittoresque du paysage ou rappelaient la vieille France. C'est ainsi qu'un canton montagneux s'appelait la Petite-Gascogne et un autre la Nouvelle-Saintonge. Tant il est vrai que le Français aime toujours à évoquer le souvenir de la patrie absente.

Dans de semblables conditions, la colonisation s'était rapidement développée. Sa population était importante, et en 1788, l'on comptait 41,000 blancs, 35,000 affranchis et 480,000 esclaves. Le nombre des plantations était d'environ 8,000, dont 793 sucreries, 3,150 indigoteries, 789 cotonnières, 3,117 caféières et 50 cacaoyères. L'industrie était représentée

par 182 guilderies ou distilleries de tafia, 26 tuileries, 29 poteries, 6 tanneries et 390 fours à chaux. Le mouvement commercial de toute la colonie s'élevait à la même époque à
400,000,000 de livres dont 220 pour l'exportation et 180 pour
l'importation. La valeur de la propriété foncière dépassait
1,600 millions. Ces chiffres indiquent à eux seuls l'état floris-
sant de Saint-Domingue, et aujourd'hui l'Algérie, malgré les
progrès accomplis depuis quelques années, a encore beaucoup
à faire avant d'avoir atteint un semblable degré de prospérité.

Au XVIII<sup>e</sup> siècle, de nombreux rapports s'étaient établis
entre nos provinces de l'Ouest et Saint-Domingue. Aller dans
la colonie, y cultiver une plantation et chercher à y faire
fortune, paraissait chose toute naturelle. Grâce à ce mouvement d'émigration, la population coloniale s'était recrutée
parmi les familles les plus honorables de la noblesse et de
la bourgeoisie qui, pour la plupart, étaient originaires de la
Bretagne, de la Gascogne et de la Saintonge. Trois villes
avaient en quelque sorte concentré le commerce de Saint-
Domingue, Nantes, Bordeaux et La Rochelle : les deux premières laissaient de bien loin derrière elles la capitale de
l'Aunis. La cité nantaise avait une supériorité qu'on ne pouvait lui contester. Ses habitants avaient en partie peuplé Saint-
Domingue. Les riches planteurs se rappelaient leur origine
avec orgueil, et quand ils disaient qu'ils allaient à Nantes, il
leur semblait qu'ils restaient chez eux et qu'ils ne quittaient
pas la colonie. Pour beaucoup d'entre eux c'était la mère-
patrie. La ville de Nantes avait pris une large part à la fondation de Saint-Domingue ; c'est un rôle dont elle peut à
juste titre se montrer fière et orgueilleuse, car elle a puis-
samment contribué à la prospérité commerciale de la France
du XVIII<sup>e</sup> siècle.

La population blanche formait la race dominante par le
pouvoir et les privilèges. Cependant le temps avait consacré
avec le progrès des richesses des distinctions de rang et de

classe. Ainsi l'on distinguait parmi les blancs, les fonctionnaires, les planteurs, les commerçants et les petits blancs.

Les fonctionnaires étaient, pour la plupart, nés en France et ne faisaient qu'un court séjour dans la colonie. Aussi avaient-ils généralement conservé l'esprit de retour et il était rare de les voir se fixer à Saint-Domingue, acquérir des plantations, faire souche de famille et se confondre avec la population créole.

Les planteurs formaient l'aristocratie coloniale. La propriété foncière leur appartenait en grande partie et ils jouissaient pour la plupart d'une immense fortune. L'on rencontrait fréquemment des colons qui avaient trois, quatre et même cinq cent mille livres de rente. Aussi vivaient-ils avec luxe et leur existence était-elle des plus somptueuses.

Les relations de Saint-Domingue avec la France étaient, ainsi que nous l'avons vu, des plus actives. Les armateurs de nos villes maritimes étaient représentés dans chaque point de la colonie par des agents qui dirigeaient des comptoirs ou des factoreries. Cette classe représentait les intérêts du commerce et de la navigation et avait monopolisé à peu près toutes les transactions. Elle servait d'intermédiaire aux planteurs et jouait un rôle important. Les quatre mille marchands qui formaient cette classe sont un chiffre qui dispense de tout commentaire. La plupart d'entre eux entraient en France après avoir passé une grande partie de leur vie dans la colonie et y avoir acquis une fortune qui généralement ne laissait pas d'être assez considérable. Quelques-uns d'entre eux restaient à Saint-Domingue, y devenaient planteurs et apportaient ainsi un nouvel élément de richesse et de prospérité.

A côté de la classe des marchands figurait celle des médecins et des apothicaires qui étaient au nombre de plus de 400. C'était l'époque où les dames avaient leurs vapeurs et inutile de dire que les disciples d'Esculape trouvaient amplement de quoi exercer leurs talents qui feraient peut-être sourire la

Faculté de Paris et que leur profession était des plus lucratives.

La dernière catégorie, celle des petits blancs, comprenait les gérants des plantations et les artisans. Souvent il arrivait qu'une plantation était possédée par une famille qui résidait en France ; elle confiait alors le soin d'administrer son domaine à un gérant et cet emploi était avidement recherché par les jeunes gens de la petite bourgeoisie des provinces de l'Ouest qui, n'ayant pas les capitaux suffisants pour créer une exploitation, trouvaient ainsi un débouché à leur activité. Ils finissaient pour la plupart par acquérir des terres et peu à peu prenaient rang dans la classe des planteurs. Les artisans Européens que l'on trouvait dans la colonie étaient généralement des charpentiers et des maçons. La main-d'œuvre était assez chère, aussi jouissaient-ils d'une grande aisance, et quand ils entraient en France, ils étaient parvenus à une certaine fortune. Parfois, quelques-uns d'entre eux se fixaient à Saint-Domingue pour s'y livrer à la culture et fondaient ainsi de nouvelles familles.

Outre la population blanche sédentaire dont nous venons de parler, il ne faut pas oublier la population flottante qui était composée de marins. Le commerce de Saint-Domingue employait près de 30,000 matelots français, et sur ce nombre l'on en trouvait 12 à 15,000 dans la colonie. A cette époque, l'on ne disposait pas des machines dont nous nous servons pour charger et décharger les navires, et un bâtiment restait souvent trois à quatre mois dans le port où il avait jeté l'ancre. La présence des équipages ne contribuait pas peu à donner de l'animation aux villes de la colonie et à y entretenir un mouvement qui ne laissait pas d'étonner et de surprendre le visiteur.

Les différentes distinctions qui existaient entre les blancs et que nous avons signalées n'étaient pas aussi accentuées qu'on pouvait tout d'abord le supposer. L'antipathie qui séparait comme un abîme les *péninsulaires* et les *créoles* dans les colonies espagnoles et devait plus tard amener l'émancipation du Mexique et du Pérou était inconnue à Saint-Domingue, et tout se bornait à quelques critiques de part et d'autres. La situation des petits blancs n'avait aucune analogie avec ce qui existait aux Etats-Unis avant la guerre de sécession. Dans notre colonie, les planteurs ne regardaient pas avec dédain ceux de leurs compatriotes qui étaient de condition inférieure et par suite de leur modeste position obligés de reconnaître leur supériorité. Toutes les catégories de blancs vivaient en bonne intelligence. Elles avaient un intérêt qui les unissait, l'esclavage, et réservaient leur mépris pour les gens de couleur.

Les affranchis, les gens de couleur, libres comme on les appelait, formaient la classe intermédaire entre les blancs et les esclaves. Elle était presque aussi nombreuse que les blancs. En 1750, elle ne comptait que 15,000 personnes ; en 1788, elle en avait 35.000. Le Gouvernement colonial s'était effrayé de l'accroissement d'une race qui avait de nombreuses affinités avec les esclaves et pouvait d'un moment à l'autre se mettre à leur tête ; aussi avait-il restreint la faculté d'affranchissement. Au début, la volonté d'un propriétaire constatée par un acte notarié ou un testament suffisait pour donner la liberté à un esclave. En 1767, une ordonnance avait décidé qu'un affranchissement ne serait valable que s'il avait reçu l'assentiment du gouverneur et de l'intendant.

L'antipathie qui existait entre les blancs et les gens de couleur était au-dessus de tout ce que l'on peut imaginer. L'opinion publique distinguait minutieusement ces derniers suivant qu'ils se rapprochaient ou s'éloignaient des blancs par un teint plus ou moins foncé. L'enfant d'un blanc et d'une négresse était un mulâtre, l'enfant d'un blanc et d'une mulâtresse un quarteron, l'enfant d'un blanc et d'une quarteronne un métis, l'enfant d'un blanc et d'une métise, un mamelouck.

Suivant que les gens de couleur se rapprochaient des nègres, ils portaient des noms différents et c'est ainsi que l'enfant d'un mulâtre et d'une négresse s'appelait un griffe. L'on distinguait treize espèces de gens de couleur. Leurs dénominations formaient une véritable langue et il fallait être fort au courant des usages coloniaux pour pouvoir s'en servir avec discernement.

La loi confirmait ces préjugés et ne faisait qu'élever la barrière qui séparait les blancs des gens de couleur. Il était défendu aux affranchis d'exercer certains métiers, comme l'orfèvrerie. Ils ne pouvaient être avocats, médecins ou apothicaires. Dans les actes publics ou notariés on devait leur donner la qualité de mulâtre, de quarteron, de métis, de griffe, etc., suivant leur degré de couleur. Ils étaient exclus de toutes les fonctions judiciaires, civiles ou militaires, ainsi que des assemblées paroissiales; ils étaient admis dans la milice, mais formaient des compagnies soigneusement distinguées de celles des blancs par leur uniforme. Les créoles portaient l'habit blanc ou l'habit rouge, suivant qu'ils appartenaient à l'infanterie ou aux dragons. Les compagnies des gens de couleur étaient vêtues de nankin.

L'usage renchérissait encore sur la loi. Les gens de couleur ne pouvaient pas manger à la même table que les blancs et jamais ils n'auraient osé se vêtir des mêmes étoffes. Au théâtre, dans les voitures publiques, ils avaient des places séparées. Sur les bateaux qui reliaient entre elles les différentes villes de la colonie, l'avant était destiné aux gens de couleur et l'arrière réservé aux blancs. A l'église même, l'on trouvait cette inégalité choquante : il y avait une messe pour les blancs et une messe pour les noirs, et un planteur se serait bien gardé d'assister à la seconde. Inutile de dire que les blancs et les gens de couleur ne se fréquentaient jamais et une maîtresse de maison n'aurait jamais invité ou reçu des mulâtres dans son salon. Si elle avait agi ainsi elle aurait donné lieu à un scandale inouï. Aussi était-il très rare de voir un blanc épouser une femme de couleur et, en 1788, l'on n'en comptait que trois cents qui avaient osé braver les préjugés et pour la plupart ils étaient des Européens de passage dans la colonie.

Dans leurs rapports avec les gens de couleur, les blancs ne dissimulaient pas le mépris qu'ils avaient pour eux. Un blanc appelait toujours un mulâtre par son nom et quand il voulait lui montrer de la bienveillance, il se contentait de l'expression : « Mon ami! » Le mulâtre, au contraire, devait toujours lui répondre : « Monsieur » et ne pas oublier qu'il était de condition inférieure. La plus grande injure que l'on pouvait faire à un blanc, c'était de lui dire qu'il avait du sang africain dans les veines, ou encore qu'il *possédait des parents à la côte*, ce qui signifiait qu'il était originaire des côtes de Guinée. En un mot, les divisions des castes de l'Inde n'étaient pas plus marquées qu'elles ne l'étaient à Saint-Domingue.

Malgré ces préjugés et ces nombreuses restrictions que l'on ne saurait trop flétrir, les gens de couleur étaient arrivés à former une classe importante par ses richesses. Ils se livraient au commerce et à la culture et une partie de la propriété foncière était entre leurs mains. Près de deux mille plantations leur appartenaient. Ils aimaient avec passion le luxe et le plaisir. Les hommes s'occupaient de chevaux, les femmes de leur toilette et, pour une mulâtresse, le suprême bonheur consistait à être mise à la dernière mode de Paris. Les gens de couleur faisaient élever leurs enfants en France et leur donnaient une éducation des plus soignées. Ils jalousaient les blancs, leur portaient envie, et, à la Révolution, ils réclameront leurs droits politiques les armes à la main ; il en résultera une lutte qui devait se terminer par la ruine de la colonie.

La troisième classe de beaucoup la plus nombreuse était celle des esclaves. L'on en comptait 480,000 dont 40,000

mulâtres. A part ceux qui servaient de domestiques ou étaient
employés en qualité d'ouvriers, la plupart d'entre eux étaient
utilisés à la culture des plantations. L'on distinguait parmi
les nègres, les nègres créoles et les nègres bossales. Les
premiers étaient nés dans la colonie et les seconds venaient
d'Afrique, du Sénégal ou des côtes de Guinée. Les noirs les
plus estimés étaient ceux du Congo : ils avaient la réputation
d'être fort robustes et de convenir mieux que les autres au
travail des champs ; inutile de dire que l'horrible commerce
de la traite était en pleine vigueur et, chaque année, 12,000
nègres environ étaient importés à Saint-Domingue, conduits
dans les principales villes, vendus aux enchères et distribués
sur les habitations. La population esclave était profondément
démoralisée et s'adonnait souvent au fétichisme. Elle paraissait
être résignée à la servitude et tout d'abord il eût été assez
difficile de prévoir cette terrible insurrection où la race africaine allait montrer sa haine et sa férocité.

La principale ville de la colonie, le Cap-Français, était
l'une des cités les plus brillantes et les plus florissantes de
l'Amérique. Au XVIII<sup>e</sup> siècle, en dehors du Mexique et du
Pérou, l'on ne trouvait aucune grande ville dans le Nouveau-
Monde. New-York, Philadelphie, Boston, ne dépassaient guère
30,000 âmes, et la Nouvelle-Orléans en avait 7 à 8,000.
A la veille de la révolution, le Cap-Français atteignait
20,000 habitants dont 5,000 blancs, 3,000 affranchis et
12,000 esclaves, sans compter la population flottante
qui variait entre 6 et 8,000. La vie créole s'y montrait
dans toute sa splendeur et le luxe que les Français
y déployaient laissait bien loin derrière lui les habitudes
encore puritaines des villes de la Nouvelle-Angleterre et faisait
contraste avec elle.

Lorsqu'on arrivait d'Europe, le Cap se présentait sous un
aspect des plus riants. La ville était bâtie au pied d'une mon-
tagne et présentait la forme d'un rectangle ayant une lieue de

long sur une demi-lieue de large. Deux forts, le fort Picolet et le fort Saint-Joseph, en défendaient l'approche. L'on abordait à un quai magnifique, le quai Saint-Louis, où se trouvaient à l'ancre 5 ou 600 vaisseaux. C'était sur le quai que s'était concentré tout le mouvement commercial. La plupart des maisons étaient des magasins, des auberges et des cafés. L'on y trouvait une foule de nègres occupés à charger et à décharger les navires ; l'on y rencontrait des marchands et des capitaines qui réglaient leurs comptes ou faisaient des achats. Si l'on pénétrait dans la ville, l'on était surpris de son aspect coquet. Ses rues étaient tirées au cordeau, bordées de trottoirs en brique et ayant en moyenne vingt-quatre pieds de large. Elles séparaient 260 ilets ; chaque ilet contenait 4 maisons et présentait une façade de 120 pieds. Les maisons étaient en maçonnerie, couvertes d'ardoises et leurs murs blanchis au lait de chaux. La plupart d'entre elles n'avaient qu'un rez-de-chaussée. Cependant 300 d'entre elles avaient un étage et quelques-unes deux, mais c'était l'exception.

La distribution d'une maison était commode et appropriée au climat. Si l'on y entrait, l'on traversait d'abord un vaste vestibule conduisant à de grandes pièces de 15 à 18 pieds carrés, hautes de plafond et ayant deux fenêtres sur la rue et deux sur la cour. De cette manière, l'on pouvait établir un courant d'air que la grande chaleur rendait indispensable. Une cour spacieuse et entourée d'une galerie ou vérandah séparait la maison de la cuisine et du logement des esclaves qui, conformément à l'usage des colonies, étaient toujours en dehors du principal corps de bâtiment. Dans la cour, se trouvaient une citerne, souvent une volière remplie d'oiseaux et quelques orangers ou bananiers à l'ombre desquels l'on venait s'asseoir dans la soirée pour prendre le café, parler des événements et tout naturellement médire du prochain.

La ville du Cap était divisée en huit quartiers, et le visiteur n'y pouvait qu'être agréablement surpris. Il y voyait des places publiques plantées d'arbres et la plupart ornées de fontaines monumentales, plusieurs édifices tels que le palais du gouverneur, le palais de justice, une église, un arsenal, un entrepôt, un théâtre, de belles casernes et des hôpitaux. Deux belles promenades, l'une, le cours Le Brasseur, située sur le bord de la mer, et l'autre, le cours Villeverd, sur la route de Port-au-Prince, attiraient les regards de tous les étrangers. En outre, le jardin du gouverneur s'ouvrait au public et était le rendez-vous de la société élégante qui aimait à se montrer dans ses allées d'orangers et de citronniers. La plupart des noms des rues et des places rappelaient la France, Paris et Nantes en particulier. Telles étaient la place Clugny, les rues du Bac, Dauphine, de Varennes, Saint-Guillaume, Penthièvre, Taranne, Crébillon. Une auberge avait pour enseigne : « *Au rendez-vous des bons chasseurs,* » si bien qu'à part le climat, les figures noires que l'on rencontrait et le français créole que l'on entendait parler, l'on se serait cru dans une ville de la vieille France.

Si nous voulons connaître la ville du Cap telle qu'elle existait, il est indispensable que nous y fassions une promenade qui, quoique rétrospective, n'en sera pas moins intéressante et contentera amplement notre curiosité. L'animation est grande dans notre cité coloniale, et aussi notre excursion ne doit pas, autant que possible, avoir lieu le matin. Nous serions exposés à coudoyer une foule nombreuse et parfois aurions-nous de la peine à circuler.

Si nous quittons le quai Saint-Louis pour pénétrer dans l'intérieur de la ville, allons d'abord dans la rue Neuve où se tient tous les dimanches *le marché aux blancs* qui dure de sept heures à midi. L'on appelle ainsi des boutiques qui forment une allée de deux cents toises de long et rappellent assez les foires de certaines de nos villes de province. Le marché est bien fourni ; tous les articles d'Europe : bijoux, dentelles, poteries, souliers, chapeaux, mercerie, y sont représentés et l'acheteur peut choisir. L'on y trouve aussi des articles locaux, tels que des singes et des perroquets. Le marché aux blancs est des plus fréquentés et tous les dimanches matin il est de bon ton de venir s'y promener, d'aller voir les singes faire quelques grimaces et d'entendre jacasser les perroquets. Il était d'usage pour les dames de la colonie d'avoir un singe et un perroquet. La mode des perruches et des ouistitis ne doit donc pas être considérée comme chose nouvelle et n'est guère qu'une réminiscence du passé.

Si nous continuons notre promenade, nous ne tarderons pas à gagner les rues du Gouvernement et de Penthièvre qui sont principalement occupées par les marchands, et là, un nouveau spectacle va frapper nos yeux. Devant chaque magasin est un tableau d'environ trois pieds de long sur autant de large, contenant une description complète des marchandises qui se trouvent dans la boutique. Leur prix, leur qualité, le nom du navire qui les a apportées, celui de l'armateur, la durée du voyage, tout est indiqué et l'énumération est minutieuse. La publicité, à Saint-Domingue, ne laissait rien à désirer, et ces affiches que nous trouvons au Cap, rappellent les *sandwichs* qui circulent à travers les rues de Londres et commencent, aujourd'hui, à faire leur apparition à Paris.

De la rue du Gouvernement, nous tombons dans la rue Dauphine et la rue du Bac qui forment en quelque sorte le centre intellectuel de la ville. Dans la rue Dauphine se trouve une librairie qui tient les colons au courant de toutes les publications de France, et rue du Bac un cabinet de lecture qui compte toujours de nombreux abonnés. La cotisation mensuelle est fixée à deux gourdes (1). Si nous continuons

(1) La gourde, qui était la monnaie dont on se servait à Saint-Domingue, valait 5 fr. 33 c.

notre promenade, nous visitons successivement l'église, le théâtre, et nous arrivons au quartier aristocratique de la ville dont la rue principale est la rue Espagnole, la plus large et la plus longue, qui se compose de villas entourées de parcs et de jardins.

La ville du Cap présentait tous les avantages d'une cité d'Europe. Elle possédait deux marchés qui se tenaient chaque matin, l'un le marché aux comestibles, sur la place d'Armes, et l'autre, celui de la place Clugny qui était de beaucoup le plus important. L'on y trouvait des marchands, la plupart nègres, qui étalaient la carotte, le choux, le concombre, la morue, la viande et le savon et par leur loquacité cherchaient à attirer l'acheteur. Leurs boutiques étaient établies en plein air, à l'ombre des figuiers. Dans les rues voisines, sur la place Royale, sur celle de la Petite-Guinée l'on rencontrait des mulâtresses ou des quarteronnes assises devant des tables recouvertes de fleurs les plus diverses et les plus variées. L'on eut dit autant de petits parterres. C'était un commerce fort lucratif. Les dames de Saint-Domingue recherchaient avec passion les fleurs et rehaussaient ainsi leur éclat en se composant des parures dont le goût ne laissait rien à désirer.

Le confortable qui était alors inconnu dans beaucoup de villes de France existait au Cap. Notre cité coloniale possédait plusieurs établissements de bains et l'usage en était fort répandu. Sur les places stationnaient des voitures de louage appelées *cabrouets*. Le *cabrouet* avait deux places et était traîné par deux chevaux. Il était conduit par un cocher qui montait en postillon et derrière se tenait un laquais, tous deux de couleur ébène. Les rues étaient entretenues avec soin. Tous les matins, des tombereaux passaient et enlevaient les immondices. Deux fois par jour, les habitants étaient obligés de jeter de l'eau devant leurs maisons afin de rafraîchir la température et dans la journée, les rues étaient tendues de toiles, ce qui leur donnait un aspect oriental. Toutes les maisons étaient numérotées et des plaques bleues indiquaient les noms des rues. Des sergents de ville parcouraient les différents quartiers pour y maintenir le bon ordre et s'empressaient en même temps de donner tous les renseignements aux étrangers qui avaient recours à leur obligeance.

Au point de vue philanthropique, notre cité coloniale ne laissait rien à désirer : elle possédait un hôpital doté de 80,000 livres de rente, deux maisons de refuge pour les vieillards infirmes, un hospice pour les femmes malades, et un hôpital pour les nègres. La charité privée était largement exercée. Les dames avaient formé une association pour porter des secours à domicile et venir en aide aux pauvres honteux. Cette association était celle des dames de la Miséricorde qui, chaque année, nommaient à l'élection leur présidente, leur secrétaire et leur trésorière. Ces dignités étaient chaudement disputées et donnaient souvent lieu à des brigues et des cabales.

Les religieuses de Notre-Dame de la Rochelle avaient fondé un couvent destiné à l'instruction des jeunes filles. L'on y comptait cinquante à soixante élèves, toutes appartenant à la race blanche. En outre, ces religieuses avaient ouvert des écoles où l'on enseignait la lecture, l'écriture et les éléments de calcul à près de quatre cents petites filles.

La ville ne formait qu'une seule paroisse ; l'église placée sous le vocable de l'Assomption était un grand bâtiment sans architecture de cent vingt pieds de long sur quarante-cinq de large, à l'intérieur, le maître-autel dans le style Louis XV, deux chapelles consacrées à la Vierge et à Saint-François, une chaire à prêcher en acajou sculpté, quelques tableaux d'un goût assez douteux et les dalles de marbre qui pavaient la nef n'avaient rien de bien artistique ; une horloge, dont la sonnerie s'entendait au loin, indiquait l'heure à toute la ville et, dans le clocher, un beau carillon appelait les fidèles et venait éveiller leur zèle. Tous les dimanches, la grand'messe se célébrait à huit heures et demie et était immédiatement suivie de la messe des nègres qui venaient chanter des cantiques. On officiait avec pompe à la grande joie des noirs qui aimaient à voir le suisse dont ils admiraient l'habit bleu brodé, à entendre le son des cloches, le bruit de l'orgue et se plaisaient à faire partir des pétards en signe de réjouissance sur le passage de la procession.

C'était au Cap-Français où l'on pouvait bien se rendre compte de l'existence que menaient les colons. La vie créole qui, à Saint-Domingue, était large et facile, se montrait là dans tout son éclat et dans toute sa splendeur. Aussi est-il fort intéressant de faire revivre par la pensée cette société disparue il y a bientôt un siècle, de pénétrer dans son intimité et de s'initier à ses mœurs et à ses habitudes.

A Saint-Domingue, l'on se lève généralement de bonne heure, l'on déjeune à huit heures et demie, les hommes avec de la viande et des fruits du pays, les dames avec du chocolat et du pain rôti. Après le déjeuner, les hommes vont à leurs affaires, écrivent leur correspondance, et les dames reçoivent ou rendent des visites. A trois heures l'on dine et ensuite vient la sieste. De cinq à six heures a lieu la promenade et l'on soupe à huit heures.

La cuisine coloniale n'avait rien de merveilleux et ne pouvait entrer en lutte avec celle de la mère-patrie. Si Brillat-Savarin avait fait un voyage à Saint-Domingue, il aurait été fort désappointé et en qualité de gourmet aurait formulé quelque amère critique. La viande de boucherie était mauvaise et le poisson assez rare. Pour nous en assurer, prenons place à la table d'un habitant du Cap : nous aurons d'abord un potage aux herbes, puis, comme entrée, un plat d'écrevisses. Les ruisseaux de Saint-Domingue sont peuplés d'écrevisses qui jouissent d'une réputation fort méritée. Aussi c'est un manger délicieux. L'on nous servira ensuite un rôti, d'ordinaire une pintade ou un gibier quelconque et, comme légumes, des épinards, des asperges et le fameux *calalou* qui est le mets national de la colonie et auquel les Européens ont tant de peine à s'habituer (1). Des ignames, des ananas, des goyaves, des bananes et le choux-palmier composent l'entremets ; le dessert est représenté par des confitures de citron ou d'ananas, et le diner se termine toujours par une tasse de café. La boisson habituelle était le bordeaux, néanmoins les dames préféraient une limonade de sirop et de jus de citron, et l'on faisait assez usage d'une espèce de vin fabriqué avec de l'ananas. Pour l'intervalle des repas, si l'on était altéré, l'on prenait volontiers la *ponche*. L'on appelait ainsi de l'eau sucrée coupée avec de l'eau-de-vie, du jus de citron, et dans laquelle on laissait infuser, pendant quelques heures, de la canelle, du girofle et du piment. C'était un breuvage fort recherché par les colons qui ne devait pas tarder à passer en France, et en se modifiant, il est devenu le *punch* qui figure dans nos bals et sert aux danseurs à réparer leurs forces épuisées.

Le luxe à Saint-Domingue était en quelque sorte un besoin, mais il ne consistait pas, comme de nos jours, dans le mobilier. Aujourd'hui, l'on recherche avant tout un riche ameublement et, pour satisfaire cette fantaisie, l'on s'impose souvent de lourds sacrifices. Il n'en était pas de même dans la colonie, et si nous pénétrons dans un salon, nous serons étonnés de sa simplicité. Les meubles, fauteuils, chaises et canapés sont en acajou : au milieu est une grande table carrée avec un service de porcelaines désigné sous le nom de cabaret. Dans un coin l'on aperçoit sur un guéridon une caisse en verre remplie d'eau où s'agitent des poissons rouges dont l'existence a été révélée à l'Europe depuis le commencement du siècle.

(1) Le *calalou* était fait avec un légume du pays, appelé gombaud et des patates douces et assaisonné avec du piment.

C'est une nouveauté et l'on s'explique ainsi cet engouement qui aujourd'hui peut nous sembler puéril. Les murs sont couverts de tapisseries représentant des sujets à la mode de l'époque, c'est-à-dire des *bergerades*, le plafond est orné de dorures et les glaces y sont nombreuses comme partout ailleurs, tant il est vrai que les dames ne changent pas, qu'elles sont toujours les mêmes, disposées à faire admirer leurs charmes et leurs attraits. Les chambres à coucher offraient à peu près le même style que le salon. Notons seulement que les lits s'élevaient généralement à quatre ou cinq pieds au-dessus du sol et étaient toujours enveloppés de l'indispensable moustiquaire.

Les moustiques, les cousins connus sous le nom de *maringouins*, voilà le fléau de la colonie. Ces insectes ne laissaient ni répit ni repos. Il fallait sans cesse porter son mouchoir au visage afin d'en chasser ces visiteurs désagréables, et à table il était d'usage d'avoir autour de soi quelques négrillons qui, en agitant des branches d'arbres, arrivaient à repousser les assauts réitérés de ces méchantes petites bêtes. Le soir, la lumière des bougies les attirait en si grand nombre qu'elles les auraient éteintes si l'on n'avait eu soin de les placer dans des cloches de verre appelées verrines. La verrine était en quelque sorte un objet de première nécessité. Terminons notre inventaire et remarquons qu'à Saint-Domingue les fenêtres étaient dépourvues de vitre, la reverbération du soleil en aurait rendu la chaleur insupportable. On les avait remplacées par des châssis de canevas et des jalousies qui, en brisant les rayons lumineux, entretenaient dans les appartements une lumière douce et agréable. On voit que l'on entendait assez bien le confort dans notre colonie.

A Saint-Domingue, le luxe consistait à avoir de beaux chevaux, des bijoux et de l'argenterie. La colonie ne possédait pas encore de Jockey-Club, mais tous ses habitants ayant quelque fortune se piquaient d'avoir des écuries bien garnies.

Les bijoux, tels que montres, bagues et bracelets étaient fort en honneur et fournissaient l'occasion d'affirmer sa richesse. Quant à l'argenterie, toute famille bien posée ne pouvait se dispenser d'avoir au moins un service en vermeil, sans compter ceux qui étaient en argent.

Le costume de nos compatriotes d'Amérique différait sensiblement des modes de France. Aux jours d'apparat, les hommes portaient le tricorne, l'habit à la française, l'épée et la culotte courte ; mais le plus habituellement ils étaient vêtus de toile et avaient un pantalon flottant, une jaquette à moitié ouverte et un immense chapeau de paille dont le *sombrero* espagnol aurait pu se montrer jaloux. Les dames ne se servaient guère que de la mousseline. Dans leurs appartements, elles étaient en peignoir et pour diner ou sortir elles prenaient un corset et un jupon de taffetas de couleur. Leurs chaussures élégantes faisaient ressortir la finesse aristocratique de leurs pieds. Lorsqu'elles allaient en soirée, elles avaient soin de se couvrir les épaules avec des palatines de duvet de cygne que l'on appelait des *chats*. Le *chat* est devenu de nos jours la sortie de bal.

La coiffure des dames de Saint-Domingue était assez curieuse et pouvait donner lieu à une étude des plus intéressantes. A la maison, les dames étaient nu-tête ; à la promenade ou en toilette de ville, elles portaient de grands chapeaux de paille ayant à peu près la forme des tuiles que nous avons vues sous la Restauration. En cérémonie, elles ornaient leurs têtes de plumes d'oiseaux, la plupart du temps de plumes de perroquet, ou bien encore elles avaient le *pouf*.

Le pouf était une coiffure qui consistait à se mettre dans les mèches de cheveux les plis d'une pièce de gaze brisée. Parfois une tête féminine portait quatre ou cinq mètres de gaze. Il y avait plusieurs espèces de *poufs;* le plus curieux était le *pouf au sentiment,* et une dame qui s'en parait avait la prétention d'avoir dans les cheveux les objets qu'elle affectionnait. Une banane indiquait qu'elle avait un faible pour ce fruit savoureux, des fleurs qu'elle aimait le jardinage, des petites figurines représentant des poupées ou des chevaux qu'elle ne méprisait pas le jeu de ses premières années ou bien qu'elle s'adonnait à l'équitation. Bref, en un mot, le pouf était la traduction fidèle des pensées de celle qu'il ornait, si bien que tout jeune homme n'avait qu'à regarder le pouf de la jeune fille qui devait être sa femme pour être immédiatement renseigné sur ses goûts, son caractère et ses habitudes. Par conséquent, les unions ne pouvaient qu'être fort bien assorties, puisqu'elles avaient eu lieu en connaissance de cause.

Ces modes peuvent nous paraître ridicules et cependant elles ont eu des admirateurs. Elles étaient portées par des Françaises et il ne nous est pas permis de douter de leur bon goût et de leur élégance, et si une fée voulait, par un coup de baguette, nous faire apparaître une dame de Saint-Domingue, certainement nous conserverions un agréable souvenir de sa toilette. Rappelons-nous qu'en 1782 la couleur blanche, couleur favorite des créoles, avait fait son apparition à Nantes et à Bordeaux et qu'au bout de quelques mois elle avait envahi Paris et classé la couleur puce qui, pendant sept ou huit ans, avait fait fureur et dominé sans discussion.

Dans la société de Saint-Domingue, l'on recevait beaucoup. Les dîners et les bals occupaient une large place dans l'existence. Les créoles aimaient la danse avec passion, et au Cap il ne se passait guère de semaines où il n'y eût une soirée et, en outre, tous les dimanches, il y avait un bal de fondation qui se donnait à une espèce de cercle appelé le Vaux-hall, sous le patronage de quelques dames de la ville qui présidaient à toutes les fêtes.

Le bal du Vaux-hall était l'un des spectacles les plus curieux du Cap et les étrangers étaient heureux d'y être admis. Avec un peu d'imagination, nous pouvons y assister et notre

attente ne sera pas déçue. Nous y trouverons des gens fort
aimables et ces habitudes du siècle passé seront pour nous
choses nouvelles et en même temps pleines d'attrait. Le bal
commence à cinq heures et se termine à neuf. Du reste, à
Saint-Domingue, il n'est pas d'usage de rentrer tard au logis
et comme au temps de Cendrillon, minuit est la limite
extrême. Dès quatre heures et demie, les dames commencent
à arriver dans des chaises à porteurs. Chacune d'entre elles
est immédiatement entourée par plusieurs cavaliers qui
portent galamment sa main à leurs lèvres et cherchent à pré-
venir ses moindres désirs. Leur urbanité ne laisse rien à
désirer, et nous pourrions peut-être y chercher quelque leçon.

Entrons dans la salle : l'orchestre fait entendre sa ritour-
nelle ; il se compose de flûtes, de violons, de basses et de
clarinettes. Les danses que nous y voyons n'ont rien de
commun avec celles de nos jours. Ce sont la pavanne, la
gavotte, la chaconne et le menuet dont nous avons tous
entendu plus ou moins parler à nos vieilles grand'mères quand,
le soir, au coin du feu, elles nous ont parlé des succès qu'elles
avaient obtenus jadis, alors qu'elles étaient jeunes filles de
15 ans. Ce qui frappe dans les bals de Saint-Domingue, c'est
l'entrain que l'on y remarque. Quelle gaîté ! tout le monde
danse, et les jeunes gens qui, de nos jours, dédaignent cette
distraction comme n'étant pas de leur âge, y auraient été fort
mal venus. L'on y voyait des cavaliers de 60 ans exécutant un
menuet ou une gavotte avec une agilité qui aurait fait supposer
qu'ils n'avaient pas encore dépassé la trentième année.

Si nous assistons le soir à quelque réception, l'on nous
invitera à prendre une tasse de café et, en nous mêlant à la
conversation, nous pouvons nous rendre compte des mœurs
et des habitudes et nous initier à la vie intime. La conversation des hommes est peu variée. Les colons ne parlent
guère entre eux que de leur naissance, de leur origine et tous
ont des prétentions à la noblesse. Ils discutent vivement

sur le prix du sucre, du café, de l'indigo, du coton, et parlent des chances de hausse, des espérances qu'ils ont d'avoir une bonne récolte et se lamentent si elle est mauvaise. Chacun soutient avec énergie et ténacité que la culture qu'il a adoptée est celle qui convient le plus à la colonie et en même temps que ses produits sont supérieurs à ceux de tous ses voisins.

Les dames sont plus aimables et cela est tout naturel. Cependant, malgré leur bienveillance habituelle, elles aiment à se moquer de ce qu'elles appellent *la bégueulerie* des Européennes. Elles invitent volontiers leurs visiteurs à faire une partie de billard et exécutent le carambolage avec la plus grande dextérité. Elles jouent du clavecin, cultivent la romance, surtout celles qui sont langoureuses. Aussi, il est rare qu'une soirée se passe sans qu'une jeune fille ne fasse entendre la fameuse chanson : « *O pauvre Jacques, que vas-tu devenir ?* » alors fort à la mode à Versailles et au Petit-Trianon et qui avait obtenu un égal succès à Saint-Domingue.

Comme il n'y a pas de tableaux sans ombres, relevons celles qui existaient dans notre possession des Antilles. La société coloniale se laissait aller à deux mauvais penchants qui étaient devenus de véritables fléaux : le jeu et le duel. La passion du jeu était arrivée à ses dernières limites. L'on jouait avec frénésie et souvent de belles plantations étaient mises en vente à la suite de nuits passées au lansquenet, à la bassette et au cavagnole. Le duel était en quelque sorte d'un usage constant et nos compatriotes de Saint-Domingue aimaient à ferrailler, souvent pour rien, pour passer le temps. L'histoire suivante nous montrera que croiser le fer était devenu pour eux une sorte de manie.

Un jour, trois jeunes créoles du Cap avaient soupé ensemble. Le repas avait été des plus gais, trop peut-être, et au sortir de table nos convives se demandent comment ils vont achever la soirée. « Si nous nous battions en duel, » s'écrie l'un d'eux.

L'idée fut trouvée charmante par les deux autres, seulement, il manquait un quatrième et voilà nos étourdis qui se mettent à battre la ville afin de découvrir un désœuvré qui fût disposé à s'associer à leur projet extravagant; ils ne tardèrent pas à rencontrer un gentilhomme Limousin venu à Saint-Domingue pour y chercher fortune et débarqué depuis deux jours. La proposition lui parut fort piquante et il s'empressa de l'accepter. Deux duels sont improvisés. La plaisanterie tourna malheureusement au tragique, le Limousin fut tué et un créole grièvement blessé. Cette aventure défraya les conversations et loin de s'apitoyer sur le sort du Limousin, l'on trouvait qu'il avait été maladroit et qu'il aurait dû fréquenter un peu plus les salles d'armes avant de venir se promener dans la colonie.

Le théâtre était l'une des grandes distractions de Saint-Domingue et celui du Cap mérite une mention spéciale. La salle contenait quinze cents personnes en comprenant l'orchestre, l'amphithéâtre, le parterre et une quarantaine de loges. Chaque couleur avait ses places distinctes, et là, blancs, mulâtres et nègres étaient séparés les uns des autres, comme partout ailleurs. Il y avait spectacle les dimanches, mardis et jeudis, et souvent le samedi une représentation à bénéfice. La troupe, composée d'ordinaire de douze acteurs et de huit actrices, jouait les comédies de Molière, le *Huron*, *Zemire et Azor*, de Grétry, ou bien quelques pièces locales sentant le terroir, comme le *Lundi du Cap* ou les *Recouvrements*, qui obtenait un succès inouï. Au moment de la guerre d'Amérique on y fit une ovation à d'Estaing et lors de la prise de la Grenade, l'on y chanta la chanson : « *Quand Byron voulut danser à d'Estaing vint s'adresser* » et inutile de dire qu'elle obtint une vogue sans pareille.

Le spectacle commençait à 6 heures et finissait à 9 heures et demie, après quoi l'on s'en allait souper. Le théâtre était complètement entré dans les mœurs et par conséquent il était

fort suivi. L'on s'y rendait, non seulement pour y voir inter-
préter telle comédie ou tel opéra comique, mais encore pour
se rencontrer et y parler d'affaires. C'était pour ainsi dire une
soirée passée en famille et souvent, dans un entr'acte, une
conversation s'engageait à haute voix d'une loge à l'autre. Les
dames y étaient toujours nombreuses et, à chaque représentation, l'on en comptait en moyenne une centaine qui venaient
y montrer une toilette des plus recherchées et des plus
élégantes.

Des concerts avaient été donnés au théâtre du Cap. Malheureusement ce genre de distraction plaisait peu et aussi n'avait-
il que médiocrement réussi. Il n'en était pas de même des
bals masqués qui avaient lieu durant le carnaval; toutes les
dames s'y rendaient en dominos, cherchant quelque aventure
fort innocente et souvent il se nouait des intrigues qui se
terminaient, hélas, par des duels ! Les bals masqués du Cap
étaient, en petit, la répétition de ceux de l'Opéra de Paris.

Jusqu'à présent nous n'avons parlé du Cap que comme
d'une ville de plaisirs. Cependant c'était un centre intellectuel
et le goût des lettres commençait à s'y répandre. Ainsi que
nous l'avons dit, il y avait un cabinet littéraire. L'on y pu-
bliait un journal politique hebdomadaire, les *Affiches améri-
caines*, l'almanach de Saint-Domingue, qui n'était guère qu'une
statistique, un journal scientifique, la *Gazette de Médecine,*
qui s'occupait d'histoire naturelle, de botanique, d'hygiène et
relatait les nouvelles découvertes. Celle du paratonnerre avait
donné lieu à de nombreux commentaires. Quelques beaux
esprits avaient essayé de fonder une feuille exclusivement
consacrée à la poésie. La tentative ne fut pas couronnée de
succès et, au bout de quelques années, faute de poètes, le
nouvel organe littéraire avait été obligé de suspendre sa publi-
cation.

Les sociétés savantes avaient commencé à paraître au XVIIIᵉ
siècle. Le Cap n'était pas resté étranger à ce mouvement et

une *Société royale des sciences et arts* s'y était organisée : elle comptait quarante membres titulaires à l'imitation de l'Académie française, et en outre un certain nombre de membres correspondants. Cette association possédait un musée d'histoire naturelle, un cabinet de physique et de chimie, un jardin des plantes, et se réunissait régulièrement une fois par semaine. Le 15 août de chaque année, il y avait une séance générale et, pour toute la ville, c'était une fête que les dames rehaussaient de leur présence. Les nègres tiraient des pétards sous les fenêtres de la salle et les cris joyeux qu'ils poussaient en l'honneur des savants montraient qu'ils n'étaient pas indifférents à ces tournois d'un nouveau genre où les discours, les poèmes pastoraux et les rapports sur les *secrets de la nature* se succédaient les uns aux autres au grand contentement de l'auditoire.

Généralement, on lisait peu à Saint-Domingue et il était rare qu'un colon possédât une bibliothèque tant soit peu complète. Cependant l'on se tenait au courant des nouveautés littéraires. Les livres à la mode étaient *Les Saisons* et *Le Poème pastoral* de Léonard de la Guadeloupe, *Manon Lescaut*, *Le Mercure galant* et le roman de Bernardin de Saint-Pierre, *Paul et Virginie*, dont le succès tenait presque du fanatisme. Chaque dame en avait un petit exemplaire dans son ridicule, afin de pouvoir en lire un passage d'un moment à l'autre et pleurer sur les malheurs des deux amants infortunés.

A la veille de la Révolution, les esprits se portaient du côté des sciences ; l'on se passionnait pour *La Nature* et l'on s'adonnait aux nouvelles découvertes avec une ardeur qui ne faisait que croître. Ce courant existait à Saint-Domingue aussi bien qu'en France. Des conférences avaient lieu au Cap et les sujets que l'on traitait de préférence étaient l'électricité, la physique et la botanique. En 1784, l'on lançait un ballon. Cet événement fut, pour la colonie, une véritable révolution. La plupart des planteurs étaient accourus dans la ville pour être témoins du prodige, toutes les maisons étaient pavoisées et la rue d'où partit l'aérostat fut désormais appelée *la rue du Ballon*. Le soir, il y avait eu un grand bal et toutes les dames avaient eu soin de placer dans leurs poufs de petites figurines en carton représentant des montgolfières. La nouvelle découverte avait leur assentiment et leur appui, elle devait nécessairement réussir et *la conquête de l'air* était désormais chose assurée.

A cette époque, l'illuminisme était à l'ordre du jour. L'un des chefs de cette nouvelle secte, Martinez-Pasqualis, était venu dans la colonie et, il faut le dire, son rite cabalistique avait recruté un certain nombre d'adhérents et pendant quelques années l'on s'était livré à de nombreuses expériences de magnétisme. En un mot, le mouvement qui avait lieu en France se reproduisait à Saint-Domingue et tout annonçait que cette petite société était mûre et sur le point de jouer un rôle qui aurait été sans doute des plus actifs et des plus brillants.

La vie de Saint-Domingue ne résidait pas tout entière au Cap, comme on pourrait peut-être le supposer, d'après la description que nous venons de donner de cette cité qui, sans être la capitale officielle de la colonie, en était le centre le plus actif et le plus important. Nous savons que notre colonie se divisait en 52 paroisses dont plusieurs villes qui, par leurs richesses et leur prospérité, ne le cédaient en rien au Cap-Français. Nous nous bornerons à en tracer une esquisse des plus rapides et des plus sommaires.

Dans la partie du Nord, les centres les plus importants étaient Fort-Dauphin, le chef-lieu d'une paroisse qui comptait 700 blancs, 600 affranchis et 9,000 esclaves. L'activité de cette petite ville devait être assez grande puisqu'un service régulier de bac et de diligence la reliait au Cap dont elle était distante de plus de vingt lieues. Le gouvernement y entretenait une petite garnison qui, la plupart du temps, se composait de soldats suisses. Parmi les autres paroisses de la province, contentons-nous de citer Limonade (1), célèbre par ses marchés, la Marmelade (2) où l'on avait acclimaté la cochenille, Ouanaminthe (3) qui possédait des fabriques de poterie, Port-Margot (4) qui, sur la grande île, avait été le premier point occupé par les Français, et Port-de-Paix (5), gros bourg d'un millier d'habitants où l'on avait établi plusieurs usines pour raffiner le sucre, tisser le coton et extraire le principe colorant de l'indigo. Aussi cette petite ville était le centre d'un commerce fort actif et l'industrie y avait pris un grand développement.

Dans la province de l'Ouest, la ville la plus importante et en même temps la capitale de la colonie, était Port-au-Prince, cité de fondation assez récente qui datait de 1749 et qui, malgré un tremblement de terre qui l'avait détruite en partie, avait déjà l'aspect d'une métropole et gagnait chaque jour en richesses et en prospérité. La population de la paroisse était de 19,000 habitants et sur ce nombre plus de 10,000 (6) étaient agglomérés et formaient la ville qui était régulièrement bâtie. Les rues larges de 60 à 70 pieds étaient plantées d'arbres, les maisons étaient entourées de galeries. L'on y trouvait un théâtre contenant 750 per-

(1) La paroisse de Limonade avait 13,960 habitants, dont 460 blancs, 500 affranchis et 13,000 esclaves.

(2) La paroisse de la Marmelade avait 7,650 habitants, dont 500 blancs, 150 affranchis et 7,000 esclaves.

(3) Ouanaminthe, 7,550 habitants, dont 280 blancs, 270 affranchis, 7,000 esclaves.

(4) Port-Margot avait 6,000 habitants, dont 366 blancs, 184 affranchis et 5,500 esclaves.

(5) Port-de-Paix, 10,580 habitants, dont 450 blancs, 130 affranchis et 10,000 esclaves.

(6) Sur ces 10,000 habitants, l'on comptait 1,800 blancs, 400 affranchis et 6,000 esclaves.

sonnes, des *clubs* qui étaient une importation anglaise, un jardin botanique. De plus elle avait l'avantage d'être le siège du gouvernement et l'on pouvait déjà prévoir le moment où elle rivaliserait avec le Cap-Français.

Les autres centres importants de la province étaient : le môle Saint-Nicolas (1) qui possédait de belles carrières de marbre et était le siège d'un cabotage des plus actifs, Bombardopolis (2) qui était, en grande partie, habité par des colons allemands, Port-à-Piment (3) dont les eaux thermales étaient renommées dans toute l'île et attiraient chaque année nombre de malades ; les Gonaïves (4) dont le territoire était arrosé par l'Artibonite et renommé pour sa fertilité ; la Petite-Rivière (5), les Verrettes (6) dont les guilderies exportaient une quantité considérable de tafia ; Saint-Marc (7), qui avait de belles salines en plein rapport et était l'une des villes les plus florissantes de la colonie ; la Croix-aux-Bouquets (8), qui était l'une des paroisses les plus étendues. Des cantons entiers y étaient encore en friche et sur ses savanes erraient

(1) Le môle Saint-Nicolas, 1,500 habitants, dont 615 blancs, 46 affranchis, 839 esclaves.

(2) Bombardopolis, 1,550 habitants, dont 600 blancs, 50 affranchis, 900 esclaves.

(3) Port-à-Piment, 1,220 habitants, dont 160 blancs, 210 affranchis et 850 esclaves.

(4) Les Gonaïves, 9,190 habitants, dont 940 blancs, 750 affranchis et 7,500 esclaves.

(5) La Petite-Rivière, 24,784 habitants, dont 950 blancs, 850 affranchis et 23,184 esclaves.

(6) Les Verrettes, 10,476 habitants, dont 665 blancs, 900 affranchis et 8,911 esclaves.

(7) Saint-Marc, 15,465 habitants, dont 1,590 blancs, 900 affranchis et 13,035 esclaves.

(8) La Croix-aux-Bouquets, 31,700 habitants, dont 1,000 blancs, 700 affranchis et 30,000 esclaves.

encore quelques troupeaux de bœufs sauvages ; Léogane (1) qui autrefois avait été la capitale de la colonie et Jacquemel (2) l'un des grands marchés pour le café et le coton. L'on venait y prendre des bains de mer; ses belles promenades et les sites d'alentour, renommés pour leur pittoresque, y attiraient toujours des visiteurs qui y venaient en villégiature: son port était excellent et en moyenne l'on y comptait une vingtaine de bâtiments.

La province du Sud était la moins importante. elle ne comptait que quatorze paroisses. En revanche, son sol était des plus fertiles et la culture fort avancée. La capitale était Les Cayes, jolie ville. bien construite et fort riche. Ses maisons avaient généralement deux étages, et l'on y voyait de beaux édifices et entre autres un théâtre qui était fréquenté par un public toujours des plus assidus. Sa population dépassait 4.500 habitants, dont 1,250 blancs, 300 affranchis et 3,000 esclaves. Celle de toute la paroisse s'élevait à plus de 17,000 âmes dont 15,000 noirs.

Jérémie (3), agglomération de quatre à cinq mille âmes, était, après Les Cayes, la ville la plus importante de la province, et en même temps un grand marché de sucre, de café et d'indigo. Aussi sa rade était-elle des plus fréquentées. A Jérémie, comme partout ailleurs, la grande distraction était le théâtre, et les dames y donnaient de véritables assauts de toilette. Aussi leur élégance était-elle devenue proverbiale dans toute la colonie. Terminons notre énumération en citant

(1) Léogane, 19,076 habitants, dont 1,064 blancs, 1,520 affranchis et 16,492 esclaves.

(2) Jacquemel, 9,632 habitants, dont 530 blancs, 582 affranchis et 8,500 esclaves.

(3) La paroisse de Jérémie avait 20,000 habitants, dont 2,000 blancs, 1,000 affranchis et 17,000 esclaves.

le Fonds-des-Nègres, (1) l'Anse-à-Veau, (2) Torbec, (3) le
Cap-Tiburon (4) et le Bourg-des-Côteaux (5). Chacune de ces
paroisses n'avait qu'un petit nombre de maisons agglomérées
et n'était qu'une série de plantations qui se succédaient les
unes aux autres et rivalisaient entre elles de richesses et de
prospérité.

Si nous voulons bien connaître la colonie de Saint-
Domingue telle qu'elle existait, nous ne devons pas nous
borner à en connaître les villes, il nous en faut étudier les
plantations afin que nous puissions nous représenter l'existence que menait un colon, existence fastueuse bien faite pour
nous surprendre et nous étonner et nous arrêter durant
quelques instants.

La vie d'un planteur était des plus larges et ressemblait,
par certains côtés, à celle d'un seigneur du moyen-âge : son
habitation était d'ordinaire située dans une vaste prairie que
l'on avait eu soin de déboiser et était complètement dépour-
vue d'arbres. L'on n'y remarquait rien de monumental. C'était
d'ordinaire un pavillon carré dépourvu de style et parfois
entouré d'une vérandah que des lianes ou autres plantes
grimpantes garantissaient des ardeurs du soleil. Si l'on pénétrait dans l'intérieur, l'on retrouvait là une distribution qui
rappelait celle des maisons du Cap et des autres villes, un vaste

(1) Le Fonds-des-Nègres, 5,150 habitants, dont 200 blancs, 450
affranchis et 4,500 esclaves.

(2) L'Anse-à-Veau, 9,028 habitants, dont 650 blancs, 350 affranchis
et 8,028 esclaves.

(3) Torbec, 12,460 habitants, dont 600 blancs, 860 affranchis et
11,000 esclaves.

(4) Le Cap-Tiburon, 4,772 habitants, dont 552 blancs, 220 affranchis
et 4,000 esclaves.

(5) Le Bourg-des-Côteaux, 6,460 habitants, dont 300 blancs, 160
affranchis et 6,000 esclaves.

vestibule à droite et à gauche, différentes pièces servant de salons et de chambres à coucher, et l'on remarquait que la cuisine était toujours séparée du corps principal du logis. Le mobilier n'avait rien de remarquable et les créoles semblaient n'y attacher que fort peu d'importance.

Le planteur menait une vie somptueuse. Il aimait à recevoir, et l'arrivée d'un étranger était toujours un événement agréable.

Il avait de nombreux chevaux, de belles meutes de chiens, et la chasse était l'une de ses passions. Les visites aux plantations des environs tenaient une large place dans son existence et lui donnaient l'occasion d'afficher son luxe et son faste et de recevoir les compliments de ses voisins auxquels sa vanité était fort sensible.

Une plantation était un petit monde, et une promenade y aurait été fort intéressante et nous y aurait certainement arrêté pendant de longues heures.

Le jardin potager, le jardin aux vivres, la bananerie et la savane auraient été pour nous l'objet d'un long et sérieux examen. L'on appelait savane un vaste emplacement où se trouvaient les ateliers nécessaires à l'exploitation, tels que les moulins à broyer les cannes à sucre ou les appareils destinés à écraser l'indigo, trier le coton et vanner le café, la tonnellerie, le poulailler, le colombier et les cases des nègres.

La vie des esclaves sur une plantation, aujourd'hui peu connue, serait fort curieuse à étudier. Leurs cases étaient, ainsi que nous l'avons dit, situées sur la savane et formaient un village que, dans le langage de la colonie, l'on désignait sous le nom de *ville*. Elles étaient pour la plupart assez propres, bâties en bois ou en briques, recouvertes de cannes, de roseaux ou de palmiers, disposées avec symétrie, de manière à former une ou plusieurs rues ou bien jetées dans un désordre pittoresque. Une case avait environ trente pieds de long sur quinze de large et il était rare d'y trouver plus d'une fenêtre, tant les nègres redoutaient les courants d'air. En face de la maisonnette, une hutte servait à faire la cuisine. Sur le plancher était posée une natte de latanier, un lit consistait en deux ou trois planches mises sur des traverses et soutenues par de petites fourches, avec quelques méchantes couvertures ou grosses toiles pour se couvrir. Quelques calebasses, des bancs, une table, d'autres ustensiles en bois, avec un ou deux coffres pour serrer les hardes, composaient le reste du mobilier.

Il était d'usage de donner aux nègres quelques coins de terre pour y cultiver du tabac, des patates, des ignames, du mil, des choux caraïbes et autres plantes, soit pour vendre, soit pour leur nourriture. Ces jardins étaient situés à côté des cases et les esclaves pouvaient y travailler le temps qui leur était accordé pour se reposer et, outre le dimanche, le samedi leur appartenait. Aussi, lorsqu'ils étaient industrieux ou se trouvaient dans le voisinage d'une ville ou d'un bourg, ils y portaient leurs légumes, leurs fruits, leurs melons et arrivaient ainsi à réaliser des bénéfices qui, à la fin de l'année, leur constituaient un petit pécule.

La population noire d'une plantation était assez nombreuse et variait suivant son étendue. Les plus petites comptaient quarante à cinquante esclaves, les plus grandes jusqu'à trois cents; dans la province du Sud, il y en avait qui possédaient jusqu'à sept ou huit cents têtes. Le travail commençait au lever du soleil, les nègres revenaient déjeuner à dix heures et se reposaient jusqu'à deux heures. A ce moment, ils retournaient aux champs, dînaient à cinq heures et rentraient à la nuit tombante. Parfois, les travaux se prolongeaient jusqu'à une heure assez avancée et avaient lieu à la lueur des torches. Tel était le cas d'une récolte qui aurait pu se perdre, ou lorsque le planteur avait une livraison à faire à jour fixe et que, par suite d'événements imprévus, il se trouvait en retard et craignait de ne pouvoir exécuter le marché qu'il avait conclu. Des surveillants étaient chargés de diriger les esclaves et de veiller à l'exécution de leur tâche. Ils étaient de condition servile et généralement des mulâtres que l'on désignait sous le nom de *commandants*.

Les nègres étaient à Saint-Domingue ce qu'ils sont partout et se distinguaient par leur insouciance et leur docilité. L'on vantait leur sobriété, cependant il était difficile de mettre en doute le faible qu'ils avaient pour l'eau-de-vie et les liqueurs fortes. Ils vivaient au jour le jour, sans penser à l'avenir, et quand ils n'étaient pas au travail, ils passaient leur temps à jouer aux dominos avec des coquillages. La danse était surtout leur passion favorite. Les instruments de musique dont ils se servaient pour se réjouir ne laissaient pas d'être bizarres et consistaient en des troncs d'arbres creusés et recouverts à leurs extrémités de peau de brebis. Ils jetaient ainsi au vent les notes plus ou moins mélodieuses de la bamboula. Parfois, ils jouaient d'une espèce de guitare faite d'une moitié de calebasse, avec quatre cordes de soie ou de boyeaux d'oiseaux desséchés. Sur chaque plantation, la nuit du samedi au dimanche était consacrée à se divertir et en se promenant dans les campagnes, l'on pouvait entendre les cris joyeux des noirs se livrant à quelques quadrilles désordonnés et les sons discordants de leur orchestre qui devait leur rappeler l'Afrique, leur pays d'origine.

La situation économique de Saint-Domingue au moment de la Révolution pourrait être l'objet d'une étude des plus intéressantes. Nous sommes malheureusement obligés de nous contenter d'une esquisse rapide. Les principales productions de la colonie étaient le sucre, le café, l'indigo et le coton. Le tabac que l'on cultivait sur les plantations ne servait qu'à la consommation locale, et du reste l'exportation n'en était pas permise. Le cacao avait été jadis la grande industrie, et les premiers Français qui s'étaient établis dans l'île au XVIIe siècle en avaient fait la principale branche de leur commerce. Le chocolat venait alors de franchir les Pyrénées avec Anne d'Autriche. Depuis, il avait été difficile de soutenir la concurrence des Espagnols, aussi le nombre des cacaoyers n'avait pas cessé de diminuer, et en 1788, le cacao expédié en France n'avait guère dépassé la valeur de cent vingt mille livres.

La culture de la canne à sucre était la plus importante et la plus avantageuse. Elle exigeait de nombreux capitaux, une vaste exploitation, des ateliers et un personnel considérable. De plus la formation des canaux et des rigoles, la méthode que l'on suivait pour pratiquer les irrigations demandait des nègres adroits et ayant été habitués à ces divers travaux. Aussi les planteurs qui cultivaient la canne et que l'on désignait sous le nom de *sucriers* se regardaient comme supérieurs aux autres colons et formaient en quelque sorte l'aristocratie de l'île. Ils jouissaient généralement d'une immense fortune, et la moindre sucrerie donnait un revenu de 2 à 300,000 livres de rente. La colonie exportait annuellement plus de 1,400.000 quintaux de sucre représentant la somme de 115,000,000 de livres qui, non seulement suffisaient aux besoins de la France, mais approvisionnaient encore une partie de l'Europe.

Le caféier n'avait été introduit dans la colonie que vers 1730. La culture s'en était rapidement développée et, en 1788, le café était représenté dans les exportations par le chiffre de 52,000,000 de livres. Il en était de même de l'indigo dont on ne s'était occupé à Saint-Domingue qu'à partir de 1750 ; en 1788, l'on en exportait pour une valeur de 11,000,000 de livres. Jusqu'au milieu du XVIII° siècle, l'on se servait en France du pastel pour teindre les étoffes. En 1740, l'indigo lui fut substitué et devint ainsi une source féconde de richesses et la cause de nombreuses fortunes.

Le cotonnier paraissait être appelé à jouer un grand rôle dans l'avenir de notre colonie. Sa culture commençait à recevoir un grand développement et, en 1788, l'exportation du coton représentait une valeur de 18,000,000 de livres. N'oublions pas que les Etats-Unis n'avaient expédié leur première balle qu'en 1774, et qu'à cette époque, Saint-Domingue était déjà un marché important de coton, aussi, sans l'épouvantable catastrophe qui se termina par la ruine de notre possession, notre pays aurait probablement été amené à fournir à l'Europe cette matière première dont la consommation augmentait avec le développement de l'industrie et y aurait trouvé les éléments d'une grande prospérité !

Les tafias commençaient à être une branche de commerce assez importante. En 1788, l'on en avait exporté pour une valeur de 2,000,000 de livres, et tout annonçait que ce chiffre serait bientôt dépassé et que ce produit allait être vivement recherché; il en était de même des cuirs et l'on paraissait vouloir s'adonner à l'élève des bestiaux. Saint-Domingue comptait en 1788, 50,000 chevaux, 40,000 mulets, 250,000 bœufs ou vaches et de nombreux moutons. L'on songeait à exploiter les magnifiques forêts de l'ile. Le campêche se répandait partout et l'acajou, en se substituant au chêne et au noyer, allait transformer l'industrie du meuble.

Telle était la situation de Saint-Domingue, et l'aperçu rapide que nous venons d'en donner indique qu'une révolution économique s'opérait dans notre pays, peu à peu, sans secousse violente et que l'on devait en attribuer la cause à notre colonie dont la prospérité se développait de jour en jour avec une rapidité qui tenait du merveilleux. Les planteurs pouvaient en quelque sorte s'endormir chaque soir avec la certitude d'accroître le lendemain leurs richesses.

Ce développement prodigieux ne devait pas tarder à être arrêté et cette colonie si florissante allait bientôt disparaitre. Le mépris que les blancs montraient aux mulâtres avait créé une caste désireuse de changer l'ordre social et l'on pouvait prévoir que la nombreuse population d'esclaves qui couvrait les plantations profiterait de cette rivalité pour secouer ses chaînes. En 1789, le mot magique de liberté retentissait comme un coup de foudre et son contre-coup amenait la perte de Saint-Domingue. A différentes époques, les esclaves s'étaient révoltés, mais l'on n'avait eu qu'à réprimer des séditions locales. En 1792, l'insurrection fut générale et la colonie s'effondra au moment même où l'on parlait de la prospérité que paraissait lui réserver l'avenir. Cependant l'observateur qui aurait visité l'île à la veille de la Révolution aurait pu y constater des causes latentes de troubles et de désordre, sans cependant se douter de l'imminence de la catastrophe.

Les blancs, tout en conservant leur énergie, vivaient trop dans la quiétude, et la soif des richesses, qui était devenue chez eux une passion dominante, avait affaibli l'idée de Dieu indispensable à toute société. Trop souvent sur les plantations avaient lieu des actes qu'on ne saurait trop blâmer et trop flétrir. En outre, la population noire, qui paraissait résignée à son sort, allait se réveiller et terrible fut son réveil. L'on négligeait de moraliser les nègres, et leur instruction religieuse était à peu près nulle. Si quelques-uns étaient chrétiens, la plupart adhéraient à la croyance de Vaudoux, originaire des côtes de Guinée.

Les sectateurs de Vaudoux possédaient une véritable organisation; ils tenaient la nuit des réunions mystérieuses au milieu des bois. Chaque invité s'y rendait en portant un mouchoir rouge comme signe de ralliement. Dans chaque assemblée il y avait un roi dont l'insigne consistait en un cordon bleu, et une reine que l'on reconnaissait à sa ceinture rouge. La cérémonie commençait par des danses, après lesquelles tous les assistants renouvelaient leur serment en jurant obéissance à Vaudoux. L'on apportait une boîte qui contenait une couleuvre. La reine plaçait son pied nu sur le serpent et, à partir de ce moment, elle jouissait d'un pouvoir absolu et incontesté. Tous les nègres s'agenouillaient devant elle, et saisis d'une crainte respectueuse, ils adoraient Vaudoux que personnifiait la couleuvre et cherchaient à apaiser sa colère.

Telle était la religion de Vaudoux, et cette association mystérieuse qui, chaque jour, devenait plus nombreuse, recrutait de nouveaux adhérents, avait fini par enlacer de ses réseaux la plus grande partie des esclaves. L'île lui appartenait. Les blancs n'ignoraient pas son existence, ils savaient que des réunions avaient lieu la nuit dans les bois et que l'on s'y livrait à la pratique de certains rites. Cependant ils n'y attachaient aucune importance et si quelque étranger se hasardait à leur communiquer ses craintes, il leur semblait entendre parler du loup-garou et de Croquemitaine, et les avertissements qu'on voulait leur donner ne provoquaient chez eux qu'un rire sceptique. La société de Saint-Domingue vivait dans une folle insouciance et rien ne pouvait troubler sa quiétude. Elle voyait ses richesses et sa prospérité se développer de jour en jour. Elle comptait sur l'avenir. Tout lui souriait, l'horizon était sans nuage. Pourquoi alors rouler de sombres pensées, pourquoi redouter la tempête.

Étrange fatalité! funeste erreur! C'est ainsi que toutes les sociétés périssent, c'est ainsi que tous les gouvernements tombent. Le succès les grise et, au moment même du triomphe, le *mane, thecel, phares* paraît écrit en lettres de feu. C'est ce qui arriva à Saint-Domingue. La guerre d'Amérique avait eu son contre-coup dans la colonie. Les créoles qui avaient combattu avec Lafayette avaient rapporté des idées nouvelles qui n'avaient pas tardé à trouver des adhérents. Un grand nombre de colons, tout en voulant rester sous la domination française, se déclaraient partisans d'une autonomie qui aurait eu quelque analogie avec celle que possède actuellement le Canada.

Le 5 mai 1789, les États généraux étaient convoqués à

Versailles. Cet événement fut l'étincelle qui alluma l'incendie. Les colons se réunirent dans leurs paroisses et nommèrent 213 députés qui formèrent une assemblée coloniale dont le siège était fixé dans la ville de Saint-Marc. Dix-huit représentants furent élus et chargés d'aller représenter Saint-Domingue à l'Assemblée constituante. Le décret qui admettait les hommes de couleur libres à jouir des droits politiques rencontra une vive opposition de la part des créoles. La lutte commença bientôt entre les blancs et les mulâtres et fut le signal de la guerre civile. En 1792, la mort des Français fut jurée dans les réunions de Vaudoux et le mot d'ordre se répandit immédiatement dans toute l'île. Les esclaves se soulevèrent sur différents points et les premiers massacres furent commis sur les plantations des marquis de Noé et de Gallifet. En 1793, la situation était compromise et l'arrivée du jacobin Sontonax, qui, en 1793, appela les noirs à la révolte, précipita les événements. En 1794, l'insurrection était générale. Des atrocités sans nombre se succédèrent les unes aux autres et partout les incendies se propageaient avec une rapidité effrayante. Les villes devinrent la proie des flammes et les plantations furent anéanties. Cette société si élégante avait cessé de vivre et la colonie de Saint-Domingue dont on vantait la prospérité disparut dans cette épouvantable tourmente. La civilisation avait fait place à la barbarie.

Depuis, la partie française de Saint-Domingue est restée indépendante sous le nom de République d'Haïti et nous connaissons tous sa déplorable histoire depuis Toussaint Louverture, qui avait fondé sa dictature, jusqu'aux gouvernements de Dessalines, de Christophe, de Soulouque. Notre ancienne colonie est restée livrée à des révolutions se succédant continuellement les unes aux autres et nous donnant à la fois le spectacle du grotesque et de l'odieux. En voyant ce qui se passe à Haïti, l'on se croirait sur les côtes de Guinée à la cour de quelque roitelet africain. Les derniers événements de Port-au-Prince révèlent la situation telle, qu'elle est. L'anarchie est à son comble et chaque courrier nous apporte des nouvelles de plus en plus tristes et de plus en plus alarmantes.

Il en est résulté que l'ancienne colonie de Saint-Domingue, qui pourrait être l'un des pays les plus riches et les plus prospères, est devenu l'un des plus misérables. Les plantations ont été abandonnées et le mouvement commercial n'a pas cessé de diminuer. Aujourd'hui il n'atteint pas 80,000.000 de fr. dont 32,000.000 pour les importations et 45.000.000 pour les exportations (1). La population est à peu près restée stationnaire et ne dépasse pas 600,000 habitants, dont 80.000 mulâtres. Les noirs ont désappris les métiers les plus rudimentaires et, sur beaucoup de points, ils sont retournés au fétichisme. L'île est devenue, pour son alimentation, tributaire de l'étranger. La production du sucre, du coton et de l'indigo est réduite à néant et le café seul donne lieu à un trafic qui est loin d'être aussi important qu'au siècle dernier. Cette perle des Antilles est sans cesse ensanglantée par des massacres. L'on dirait une terre maudite.

Telle était la situation de Saint-Domingue, telle fut sa chute. De l'histoire de notre ancienne colonie, nous pouvons en tirer un précieux et utile enseignement : une société ne doit jamais s'endormir dans le luxe et la prospérité. Pour les nations comme pour les individus, le moment critique n'est pas la lutte. La lutte fortifie les cœurs et forme les caractères. Le moment critique, c'est le moment où la fortune approche de nos lèvres, la coupe des plaisirs et des jouissances. Une société s'engourdit et quand elle veut agir, retrouver son énergie, elle n'en a plus la force. Elle ressemble au viveur qui, à l'approche d'un danger, quitte la table où il est accoudé,

(1) En 1882, la ville de Nantes expédiait un navire à Haïti, et en 1788, son commerce avec la colonie était de 150,000,000 de livres.

saisit une arme et, après cet effort, s'affaisse et tombe lourdement sur le sol en poussant un cri d'impuissance et d'effroi.

Le coup d'œil rapide que nous venons de jeter sur Saint-Domingue nous montre combien est fausse et erronée l'opinion qui prétend que les Français sont impropres à la colonisation. Jamais, au contraire, nation n'a fourni des explorateurs plus audacieux et plus entreprenants, des commerçants plus actifs, des émigrants sachant mieux se plier à toutes les conditions d'existence et de climat. La France sait coloniser et à ceux qui, fidèles à une tradition égoïste et mesquine, soutiennent le contraire, il suffit, pour leur répondre, d'évoquer les souvenirs du dernier siècle et de voir ce qui s'est passé, non seulement à Saint-Domingue, mais encore sur le continent américain, au Canada et à la Louisiane.

En 1759, lors de sa conquête par les Anglais, le Canada avait 60.000 habitants; aujourd'hui il compte 1,400,000 hommes d'origine française, parlant toujours notre langue et ayant religieusement conservé le souvenir de leur pays d'origine. En 1683, Cavelier de la Salle découvrait le Mississipi qui, pendant plusieurs années, porta le beau nom de fleuve Colbert. En 1701, les premiers colons débarquaient en Louisiane et en 1717 la Nouvelle-Orléans était fondée. Lorsque nous perdîmes cette belle possession en 1763, sa population dépassait 40,000 âmes dont 15,000 Français. Le reste se composait de mulâtres et de nègres. La Nouvelle-Orléans était déjà une cité de 6 à 7 mille habitants et 150 étaient de riches colons qui avaient de 200 à 300 mille livres. Les résultats que l'on avait obtenus étaient sérieux. Cependant nous avions eu à soutenir la guerre à plusieurs reprises et à traverser, à la chute du système de Law, une crise financière dont le contre-coup s'était fait ressentir jusque dans nos établissements d'outre-mer.

Si nous quittons l'Amérique et si nous nous transportons en Asie, nous y trouvons la preuve éclatante que la nation

française possède toutes les qualités propres à la colonisation.
Au XVIII⁰ siècle, la France avait été prépondérante dans
l'Extrême-Orient, et si l'on avait écouté Dupleix, l'un des
plus grands génies que notre pays ait produits, l'Inde serait
aujourd'hui une terre française et notre domination serait
reconnue par 250 millions d'habitants qui actuellement
gémissent sous le joug abhorré de l'Angleterre.

En parlant de Saint-Domingue, nous avons vu que la ville
de Nantes avait contribué pour une large part au développement de cette colonie et qu'une partie des créoles était
d'origine nantaise. Dans l'Extrême-Orient, le rôle de la cité
bretonne a été également des plus actifs et l'on peut dire que
son histoire se trouve étroitement mêlée à celle de toutes les
colonies. Lorsque Colbert fonda, en 1664, la fameuse compagnie
des Indes, des chambres particulières avaient été établies dans
les grandes villes de France. Nantes était du nombre et ses
marchands avaient souscrit la somme de 200,000 livres
qui était, eu égard à sa population, supérieure à la souscription
de Paris qui ne dépassait pas 550,000 livres.

En 1698, on forme la compagnie de la Chine, dans le but
de nouer des relations commerciales avec le Céleste Empire
et de l'ouvrir à l'Europe. Un bâtiment de cinq cents
tonneaux (1) avait été expédié à Canton: il était de retour en
1700, jetait l'ancre sur la Fosse et rapportait une cargaison de
thé, de soieries, de rhubarbe et de porcelaines. La nouveauté
des produits fut une véritable révolution. Toute la population
nantaise se porta sur les quais. Les *chinoiseries* étaient avidement recherchées. Les cabarets de porcelaines devinrent
bientôt l'ornement indispensable des salons. Les dames ne
cachaient pas leurs préférences pour les éventails de Canton
ou de Nanking. Les lanternes chinoises eurent de nombreux
partisans et l'on essaya même de les faire servir à l'éclairage

(1) Ce bâtiment s'appelait l'*Amphitrite*.

des appartements. La Chine était à la mode et Nantes peut se vanter d'avoir été la première ville de France à nouer des rapports avec ce pays encore inexploré.

Dans l'Inde, nous retrouvons encore des Nantais. Au XVIII° siècle l'on songeait à fonder un établissement aux îles Nicobar et le gouvernement de Pondichéry s'était adressé à un missionnaire, le père Charles de Montalembert, qui fut curé de Chandernagor de 1715 à 1728 et lui avait demandé son avis. Le P. de Montalembert répondait en disant : « Il y a ici pour mener à bien l'entreprise, un homme fort expert et qui déjà a rendu de nombreux services, un Nantais, le capitaine Colleno ; avec des gens comme lui, on peut aller de l'avant. »

Ce sont autant de glorieux souvenirs et la ville de Nantes peut se les rappeler avec orgueil. Elle a largement contribué au développement de notre puissance maritime et coloniale qui, au dernier siècle, avait fait la prospérité de notre pays. De tout temps, elle a été l'une des principales portes de la France ouverte sur l'immensité de l'Océan. La ville de Nantes ne doit pas se borner à se rappeler son ancien prestige, actuellement elle doit jouer un rôle non moins actif et non moins brillant que par le passé en prenant la direction du mouvement colonial qui actuellement est pour nous une question d'avenir.

Nous traversons une crise commerciale et industrielle qui peut nous être funeste. Nos importations ne cessent de s'accroître et nos exportations diminuent. Il n'en faudrait pas conclure que les besoins de la consommation soient moindres qu'autrefois, au contraire. La concurrence est pour nous difficile à soutenir. Nous avons été éliminés des marchés étrangers et le nôtre est envahi, encombré. Le tonnage de notre marine marchande perd chaque jour et aujourd'hui, sans parler de l'Angleterre et des Etats-Unis, il est inférieur à celui de la Suède-Norwège et de l'Allemagne.

Il y a un danger qui nous menace et ce danger est plus

sérieux et plus terrible qu'on ne le croit généralement. Il est indispensable que la France soit une puissance coloniale, qu'elle cesse d'être une puissance exclusivement continentale. La politique que nous avons suivie pendant trois quarts de siècle nous a été fatale, et pendant que nous parcourions les champs de bataille de l'Europe, nous étourdissant dans les fumées d'une gloire passagère, la race anglo-saxonne étendait son commerce, fondait de nouveaux comptoirs et créait de nouvelles colonies. Aujourd'hui son trafic ne cesse de se multiplier. En présence de cet envahissement, il est indispensable que notre pays retrouve son ancienne force d'expansion et cherche, en acquérant des colonies, à ouvrir des débouchés à son commerce et à son industrie.

Actuellement l'horizon s'élargit de plus en plus, une nation ne peut plus vivre sans regarder loin d'elle, étendre ses relations commerciales et se frayer de nouvelles routes. Sinon elle se condamne à être tributaire de l'étranger et peu à peu son industrie dépérit. Elle abdique et se condamne à jouer un rôle effacé. Aussi, si nous continuons de suivre les mêmes errements, nous souscrivons d'avance à notre abaissement et dans un siècle, notre pays ne comptera pas plus dans les destinées du monde que ne comptent actuellement la Suisse, la Belgique ou le Portugal ; je ne sache pas qu'il n'y ait un vrai Français qui, à cette idée, ne frémisse de colère et d'indignation.

Il faut donc reprendre notre ancienne politique coloniale et nous ne devons pas nous dissimuler que nous rencontrerons des obstacles et des difficultés. Mais il n'y a pas à hésiter. Pour nous, c'est une question de vie et de mort. Chaque génération a ses devoirs à remplir. La nôtre a été cruellement éprouvée. Elle a à relever la France et elle doit plus que jamais faire appel à son patriotisme et à son énergie.

Notre politique coloniale ne doit pas être laissée sans direction et devenir un champ de manœuvre pour les politiciens ; il importe qu'elle suive une impulsion conforme aux intérêts du pays. C'est ici que commence le rôle des villes maritimes et en particulier de Nantes, qui est la capitale de l'Ouest et dont l'influence rayonne sur huit ou dix départements. A ce titre, cette ville a le droit de parler ; sa Chambre de Commerce pourrait prendre l'initiative d'une mesure qui ne pourrait qu'être féconde en résultats, et demander la formation d'un syndicat qui siégerait à Paris. Ce syndicat serait composé de délégués des chambres de nos villes maritimes. Sa mission serait d'éclairer et de diriger l'opinion publique et le gouvernement, quelle que soit son étiquette, serait obligé de suivre le mouvement qu'on lui imposerait et de se conformer aux conseils des représentants du commerce et de l'industrie.

La force d'expansion que nous possédions au dernier siècle et qui commence à se faire sentir de nouveau deviendra alors plus vivace et plus énergique que jamais, et il ne faut pas l'oublier, elle ne doit pas se porter au hasard et aller se perdre dans des entreprises stériles et aventureuses. Nous avons deux colonies : l'une qui est fondée, l'Algérie, la colonie de peuplement, et l'autre, qui se fonde actuellement, le Tonkin, la colonie d'exploitation.

L'Algérie est une terre féconde. Elle convient à une nation d'agriculteurs et en y améliorant le régime des eaux, en y construisant de nouveaux chemins de fer, l'on peut y créer une France africaine. Aujourd'hui, le nombre des colons européens est de 455,000, dont 230,000 Français, et plus de 28,000 familles résidant en France ont demandé des concessions. De plus, cette terre est assez près de nous pour que le Français qui y vit ne s'y sente pas exilé et puisse continuer de suivre des yeux et du cœur les affaires de la mère-patrie. Il faut donc encourager ce mouvement d'émigration qui se porte vers notre possession, accrue aujourd'hui de la Tunisie, et espérer que le flot débordera un jour sur le Maroc. C'est ainsi que nous arriverons à constituer une nouvelle

France rivalisant avec l'ancienne de richesses et de prospérité.

L'autre colonie, la colonie d'exploitation qui se fonde actuellement, c'est le Tonkin, et là encore peut s'ouvrir pour nous un brillant avenir. En nous établissant au Tonkin, nous prenons pied dans un pays qui réunit toutes les conditions nécessaires pour devenir un centre de commerce des plus actifs et des plus importants. Sa superficie est de 150,000 kilomètres carrés, sa population de 10 à 12 millions d'habitants, dont 400,000 chrétiens, et son voisinage avec la Chine nous offre de nouveaux débouchés, d'autant plus que le fleuve Rouge est la voie la plus directe pour pénétrer dans les provinces méridionales de ce vaste empire. Le mouvement commercial de la Chine s'élève actuellement à deux milliards et demi. Le jour où nous aurons accès dans le Yunnan, il dépassera trois milliards et nous pourrons nous assurer un trafic de six à sept cents millions.

Tel est l'avenir qui s'impose si nous voulons garder notre place, il faut que d'ici un siècle il y ait 100 millions de Français sur les deux rives de la Méditerranée, répandant notre langue et notre influence, et que, dans l'Extrême-Orient, notre drapeau couvre l'Indo-Chine orientale et qu'une partie du commerce de la Chine soit entre nos mains. Tel est le double but où doivent se rencontrer tous les vrais Français. C'est une question vitale puisqu'elle intéresse à un haut degré la fortune économique de notre pays. C'est une question d'avenir, une question nationale! A ce titre, elle doit être résolue dans le plus bref délai, et c'est ainsi que la France restera ce qu'elle doit être, une nation au cœur puissant dont les battements doivent se faire sentir aux extrémités du monde entier.

Imp. ve Camille Mellinet, pl. Pilori, 5. — L. Mellinet et Cie, sucrs.

167